ALFRED BOUCHET

L'ESSOR de la Ville de HẢI DƯƠNG

1923 - 1927

HANOI-

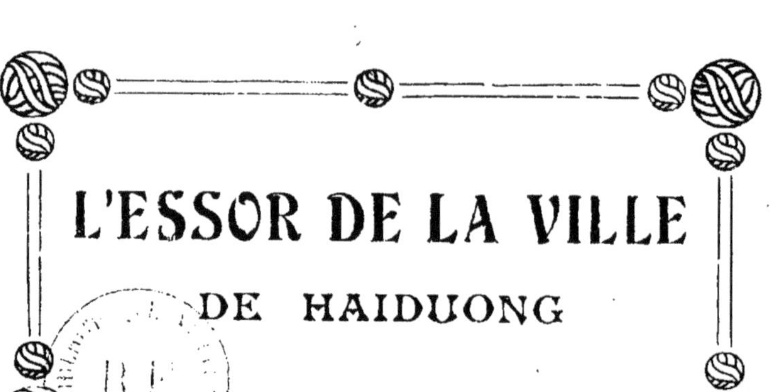

L'ESSOR DE LA VILLE DE HAIDUONG

Haiduong avant son autonomie

Dans le courant de l'année 1921, le Résident Supérieur au Tonkin, alors M. Monguillot, prenait deux arrêtés, qui, bien qu'étant passés pour ainsi dire inaperçus, devaient cependant révolutionner la société annamite. Il s'agit des deux arrêtés d'Août 1921, créant l'un les conseils communaux, l'autre les budgets communaux.

La vieille commune annamite avait vécu ! Le conseil, plus ou moins occulte des notables, tout en étant tacitement maintenu, cédait en fait ses droits à un conseil des représentants des familles (tộc-biểu), et les dépenses communales, qui jusqu'alors n'avaient figuré que sur des feuilles volantes, qu'il était facile de modifier et même détruire, allaient à l'avenir figurer dans des budgets officiels.

Cette réforme ne pouvait pas ne pas soulever des critiques. Quelle réforme n'en soulève pas ? Celle-ci, plus que toute autre, éveillait la susceptibilité des esprits timorés, qui voyaient en elle une atteinte à l'autonomie de la commune annamite ! Il faut, en vérité, tout ignorer de ce qui se passe dans le sein d'un village pour émettre semblable opinion. Il y a quarante ans passés que nous sommes ici, quarante ans employés à mettre en valeur ce pays, à l'organiser, à lui donner une administration solide, et l'on voudrait que le village annamite ait continué à vivre d'une vie à part, sans subir les moindres atteintes, alors que le nombre de ses habitants instruits, capables de comprendre les avantages sans nombre que leur apporte une administration sérieuse, augmente de jour en jour !

Qu'on le veuille ou non, la cellule constitutive de la société annamite n'est plus, en beaucoup d'endroits, le village, c'est l'individu. Celui-ci prend de plus en plus conscience de sa personnalité, et, dans les discussions publiques, les ordres des notables ne sont plus acceptés, comme autrefois, sans critiques, observations, voire protestations. On n'a plus devant soi un corps informe mais un corps dont chaque organe est connu.

Je ne veux point m'étendre plus longuement sur cette question ; je sortirais du cadre de mon sujet, j'en reparlerai plus tard. (1)

Ce qu'il y a lieu de retenir des deux arrêtés d'Août 1921, c'est qu'ils allaient placer la plupart des chefs-lieux de province dans une situation ambiguë. Ces centres, à de très rares exceptions, ont en effet une vie qui diffère totalement de la vie des villages dans l'intérieur de la campagne annamite. Alors que dans ceux-ci, nous trouvons des *ho*, dans les villes ces *ho* n'existent pas. Nous avons bien des familles, mais celles-ci sont sans lien de parenté entre elles, et elles ont toutes, ou peu s'en faut, des attaches dans leur village d'origine. On ne pouvait donc élire des conseils de tộc-biểu, et par suite créer des budgets municipaux, C'était une situation qui ne pouvait être tolérée, car alors on aurait vu des agglomérations importantes, incapables de se constituer en communes et de gérer leurs affaires, alors qu'on allait voir des villages d'importance relative appliquer la réforme.

La ville de Hảidương se trouvait dans ce cas.

La première pensée qui se présentait à l'esprit était de demander pour cette ville l'application de l'arrêté du 31 Décembre 1914 du Gouverneur Général, instituant au Tonkin des communes mixtes de 1ère et 2ème catégorie dans les principaux centres urbains, et de demander l'érection de la ville de Hảidương en commune mixte de 1ère catégorie.

Malheureusement, la légalité de cet arrêté étant discutée, force fut de chercher ailleurs la solution.

---

(1) préparation : Essai sur le village annamite.

On pouvait apporter de légères modifications à l'arrêté organique de 1921 et prévoir certaines dispositions permettant, dans les centres vivant d'une vie spéciale, le remplacement des tộc-biểu par des représentants de quartier : phố-biểu. Ces modifications, qui furent adoptées par la suite, ne pouvaient cependant pas être appliquées à la ville de Hảidương, en raison de la présence de gros intérêts français, qui se seraient trouvés placés sous le contrôle d'un conseil purement indigène.

On en vint alors à adopter la réglementation prévue pour la ville de Nam-Định et l'arrêté du 12 Décembre 1923 fixait comme suit l'organisation définitive de la ville de Hảidương :

L'ancien centre urbain était érigé en commune.

Cette commune était administrée par l'Administrateur-Résident, qui prenait le titre de Maire, assisté d'une Commission Municipale composée de deux Européens et de deux Annamites nommés pour trois ans par le Résident Supérieur.

Le Maire était chargé de l'administration de la ville ; il était ordonnateur du budget communal, fixait les revenus, surveillait la comptabilité, représentait la ville en justice, préparait, proposait le budget, ordonnait les dépenses, dirigeait les travaux à effectuer, etc... etc...

La Commission Municipale pouvait exprimer des vœux, voter les centièmes additionnels aux impôts directs, donnait son avis sur le budget et le compte administratif, les tarifs et règlements de perception des revenus de la commune, sur les travaux à effectuer etc... etc...

Quant au budget, il comprenait en recettes :

1° — le produit des centièmes additionnels aux contributions directes,

2° — la taxe foncière urbaine,

3° — les taxes d'amarrage et de stationnement, droits d'occupation, etc...

4° — les taxes d'abattoir, de vehicules, de voirie, d'éclairage, de marché, etc...

5° — le produit des fermes diverses ou exploitations en régie, propres à la commune.

6o — le produit de la location et de la vente des biens du domaine local, qui lui étaient cédés.

en dépenses :

les frais d'administration de la ville ;
les frais de personnel et de matériel de la police urbaine ;
l'entretien de la voirie ;
les travaux d'embellissement et d'hygiène ;
l'entretien et la construction des marchés :
l'aménagement des quais et l'outillage du port ;
l'alimentation en eau :
l'éclairage ;
les frais divers : fêtes publiques, secours, cimetière, une contribution aux dépenses de personnel et de matériel des écoles et de l'assistance médicale. (J. O. 1923 pages 2711 et suivantes).

Cette création allait, comme il fallait s'y attendre, provoquer des critiques, dont la plus grave était celle-ci : « En érigeant en commune autonome la ville de Häidương, le budget local abondonnait des recettes importantes, au moment même où il devait rechercher de nouvelles resssources, pour faire face aux dépenses de plus en plus lourdes qui lui étaient imposées. »

Ainsi présentée, la critique à première vue semble sérieuse. Nous allons, par l'étude qui va suivre, en démontrer l'inanité, et prouver que seuls, les esprits par trop routiniers, hostiles à toute réforme, à tout progrès, pouvaient nourrir de telles craintes.

La ville de Häidương, par l'arrêté de Décembre 1923, allait donc à l'avenir vivre d'une vie propre et justifier par son extension rapide la faveur dont elle venait de bénéficier.

Mais avant d'aller plus loin, jetons un coup d'œil sur le passé de cette ville.

« C'est le 3 Décembre 1873 que nous occupâmes pour la première fois la place forte de Häidương. Nos troupes étaient alors commandées par Balny d'Avricourt. Obligés de nous replier après la mort de Francis Garnier, ce ne fut que dix ans plus tard que le Colonel Brionval pût l'occuper définitivement. Nous primes 150 canons, dont on peut encore voir quelques spécimens dans les jardins de la Résidence. C'est sous le règne du grand roi Gia-Long (1801) que la citadelle de Hảidương, aurait été construite ; auparavant, le chef-lieu de la province était au village de Mạc-Dong, huyện de Chi-Linh, puis au village de Mao-Điêm, huyện de Cẩm-Giàng, où l'on peut voir encore les restes importants du văn miếu provincial, dans un site qui ne manque pas de charme. » (1)

Sur les bords des larges fossés qui défendaient la citadelle et contre la rivière de Kẻ-Sặt, se groupait le gros village de Hảidương, amas de paillotes sordides, séparées par des ruelles étroites, tortueuses, que les fortes marées ou les crues du Sông Thái-Bình inondaient dès que la saison pluvieuse commençait.

Ainsi le centre de Hảidương, gros village d'environ 8000 habitants sous le gouvernement annamite, était resté gros village sous l'Administration française, bien qu'il fût traversé depuis 1902 par la voie ferrée reliant Hanoi à Hảiphòng et par la grande route coloniale N° 4, bien qu'il fût situé à égale distance des deux grandes villes de Hanoi et de Hảiphòng, et que l'importante Société Française des Distilleries de l'Indochine y eût construit une de ses usines les plus considérables.

Alors que tous les autres chef-lieux de province s'étaient peu à peu transformés, étaient devenus des centres propres, bien tracés, coquets, Hảidương continuait à végéter au milieu de ses mares, autour desquelles s'entassaient de lamentables paillotes. Quelques rues avaient bien été tracées, mais sans plan, un peu au hasard. Hảidương croupissait dans la boue, à la va-comme-je-te-pousse. Et cependant il y avait dans ce centre plus d'argent qu'il n'en fallait pour construire des maisons en briques, aérées, saines, confortables.

Pourquoi donc ce centre urbain était-il resté si en arrière ?

Pour les deux raisons suivantes: La suppression des budgets provinciaux lui avait porté un coup mortel ; ce n'est pas, en effet, avec les modeste crédits que lui allouait le budget local, qu'il était possible d'entretenir les rues, de construire des trottoirs, de combler les mares, de creuser des égoûts. Puis les

(1) Voir Guide Madrolles.

citadins, tous commerçants, étaient tous, ou peu s'en faut, des banquiers, préférant placer leurs économies à 60 % d'intérêt, plutôt que de les employer dans la construction d'immeubles modernes.

Il fallait cependant mettre un terme à pareil état de choses. Mais ce n'était point facile, dans ce pays si réfractaire aux innovations. Vouloir, non pas innover, mais simplement essayer de lutter contre de vieilles habitudes, c'est vouloir provoquer des réclamations sans nombre! Dans la société annamite l'intérêt général disparait devant les intérêts particuliers. Malheur à celui qui aurait l'audace de toucher à ceux-ci! Aussitôt il verra les plaintes sortir de tous côtés et l'assaillir! Il sera attaqué, comme on l'est quand, par mégarde, on met le pied sur une fourmillière. Les accusations pleuvront sur la tête du malheureux, dont le seul tort aura été d'avoir voulu essayer de faire quelque chose! Bien heureux si les plaintes anonymes ne viennent pas le miner et provoquer sa chute! L'accusation calomnieuse, quelle plaie affreuse pour ce pays! Telles étaient les causes principales qui avaient maintenu Hảidương dans la boue de ses mares pestilentielles!

Le nouveau régime qui allait lui être appliqué, était-il de nature à le sortir de cette impasse pénible?

Faisons tout d'abord, d'une part le relevé des recettes que recouvrait en 1923, dans le centre de Hảidương, le budget local, au titre des divers impôts ou taxes et, d'autre part, le relevé des dépenses que le même budget local supportait pour assurer la vie à ce centre.

Recettes :

Au titre des impôts directs	2.435 $ 27
» des taxes (pousses et abattoir). . . .	5.544 00
» des diverses taxes perçues par le commissaire de police.	581 00
Total :	8.560 $ 27

Dépenses :

Le budget local allouait à ce centre les crédits suivants.

Entretien de la police	. . . .	1.624 $ 00
» de la voirie	. . . .	2.000 . 00
» de l'éclairage	. . . .	4.500 . 00
» divers	. . . .	500 . 00
	Total :	8.624 $ 00

Le budget local, en fin de compte, ne recueillait guère, bon an mal an, plus de 2.000$ de la ville de Hảidương. Même en doublant ce chiffre, on peut dire que les pertes subies par le budget local du fait de l'abandon de ces recettes au budget de la commune autonome étaient insignifiantes.

Mais, ces pertes, on le verra, ne se produisirent pas. La nouvelle organisation allait, au contraire, permettre au budget local de demander au budget municipal de Hảidương une aide précieuse.

* * *

Telle était donc la situation financière du centre de Hảidương avant 1924.

Voyons maintenant quels sont les résultats auxquels aboutit l'arrêté de Décembre 1923. Nous donnerons des chiffres officiels ; il sera ainsi facile de voir si l'autorité supérieure a eu ou non raison de donner à la ville de Hảidương son autonomie.

II

Hảidương, de 1924 à 1928

C'est le 8 Janvier 1924 que se tint la première séance de la Commission Municipale. M. Monguillot, Résident Supérieur, avait tenu à la présider, donnant ainsi une nouvelle preuve de l'intérêt qu'il portait à la jeune ville.

Les membres de la Commission étaient :

MM. Deville, administrateur en retraite.

MM. Carbonnez, directeur des Distilleries (1)
Nguyễn-Hữu-Đắc, ancien tổng-đốc en retraite,
Lê-văn-long, ancien lãnh-binh en retraite,
Vanderhaeghe, comptable de la Résidence, secrétaire.

Le premier budget présenté à l'approbation de la Commission s'élevait en recettes et en dépenses à . 29.865 $ 00 mais il y a lieu de déduire :

1° — subvention pour l'éclairage urbain . . 4.500 $ 00

2° — subvention pour comblement des mares. 6.000 $ 00

Cette dernière subvention était allouée à titre d'encouragement, de don de joyeux avènement ; c'était le cadeau offert par le budget local au jeune budget municipal pour l'aider dans ses premiers pas.

Les recettes réelles n'étaient donc que de. . 19.365 $ 00

L'année suivante (1925) le budget primitif était arrêté à la somme de . . . . 41.270 $ 00 et ne *comportait plus qu'une seule subvention de* 4.500 $ pour l'éclairage urbain.

Le budget supplémentaire était de . . . . 14.703 $ 00

Pour l'exercice 1926, nouvelle ascension. Le budget primitif est arrêté à la somme de . . . 43.275 $ 00 et ne *comporte plus une seule subvention de la part du budget local*. Le budget municipal, à partir de cette année, vole de ses propres ailes. *Bien mieux non seulement il n'a plus besoin de l'aide du budget local, mais encore c'est lui qui, à son tour, va lui apporter l'appui de ses finances.*

Le budget supplémentaire de 1926 était de . 27.658 $ 09

Enfin pour l'exercice 1927 l'ascension continue.

Le budget primitif est arrêté à la somme de. 53.730 $ 00

Le budget supplémentaire à la somme de . 27.850 $ 07

Pour l'année 1928, le budget primitif sera de. 54.310 $ 00

Ainsi, dans le court espace de quatre années, les recettes municipales étaient passées de 19.365 $ à 54.310 $, donnant ainsi une augmentation de 34.945 $ 00.

(1) Remplacé ensuite par M. Vollot, puis par M. Bonnet, tous deux directeurs des Distilleries.

VILLE DE HAIDUONG

Résumé du Budget Municipal

Année :	1924	1925	1926	1927	1928
Recettes (prévisions)					
C. I — Location de biens communaux. . . .	100	100	100	50	50
Vente de terrains.	1.000	4.000	500	200	»
C. II — Contributions directes.					
A) Européens et Asiatiques étrangers . . .	850	1.150	1.600	1.600	1.700
B) Indigènes . . .	3.300	2.800	3.800	4 010	14.480
C. III — Affermages					
Abattoir	4.000	5.230	5.230	5 280	4.560
Marchés	3.000	7.000	7.200	10.080	11.040
Stationnement, amarrages.	200	300	450	400	400
Dépôt de matériaux .	20	400	400	350	350
Occupation temporaire	20	100	50	60	60
» permanente.	700	300	500	500	500
Marchands ambulants.	50	50	50	80	80
Véhicules de toutes sortes	»	»	»	200	reporté en C. II
Pousse-pousse . . .	1.800	2.500	7.000	10 000	id
C. IV — Concessions, exhumations et inhumations	»	20	20	10	10
Eau et éclairage. . .	500	8.000	14 180	19.000	20.000
C. V. — Subvention du budget local. . . .	10 000	4.500	»	»	»
C. VI.— Divers.— Voirie	400	120	50	50	50
Plans cadastraux, cadastre.	3.000	1.000	»	»	350
Actes administratifs, filles publiques, fourrière, amendes, recettes accidentelles, actes civils	925	3.700	2 145	1.860	680
C. VII — Recettes d'exercices clos	»	»	»	»	»
C. VIII — Recettes d'ordre.	»	»	»	»	»
Totaux	29.865	41.270	43.275	53.730	54.310

Résumé du Budget Municipal

Années :	1924	1925	1926	1927	1928
Dépenses (prévisoires)					
C. I — Adm. provinciale					
Personnel. . . .	480	216	264	264	264
Matériel	620	1.020	1.020	1.240	1.040
C. II — Police :					
Personnel. . . .	2.896	3.184	3.612	3.732	3.096
Matériel	360	440	340	650	550
C. III — Service financier : Personnel. .	2.340	1.020	1.020	1.200	1.426
Matériel . .	100	»	»	»	»
C. IV — Éclairage de la ville : Personnel. .	408	4.080	4.704	5.268	6.090
Matériel. . .	3.200	4.600	7.341	16.169	9.146
C. V — Voirie. Personnel	840	1.920	2.448	2.448	2.552
Matériel .	3.710	4.280	4.150	5.550	18.316
Travaux neufs . .	10.000	16.500	16.000	12.900	5.000
Expropriations . .	»	740	200	390	500
Retenues de garanties.	»	»	»	899	1.020
C. VI — Dépenses diverses : Entretien du matériel incendie, subventions, fêtes publiques, stand de la foire de Hanoï, dépenses imprévues.	4.911	3.270	2.176	3.020	5.310
C. VII — Dépenses d'exercice clos. .	»	»	»	»	»
C. VIII — Dépenses d'ordre.	»	»	»	»	»
Totaux	29.865	41.270	43.275	53.310	54.310

Budgets supplémentaires

Ans	Recettes	Montant	Dépenses	Montant
1924	Vente de terrains communaux . . .	4.000$	Remblaiement des mares . . .	4.000$
1925	Reliquat disponible de l'exercice 1924 .	14.703.50	C. III — Personnel . C. IV — — Matériel. . C. V — Travaux. . C. VI — Dépenses Imprévues.	100 600 1.600 10 900 1.503 50
1926	Reliquat disponible de l'exercice 1925 .	27.658.09	C. II — Personnel . C. IV — — Matériel. . C. V — Matériel. . Travaux neufs Expropriations C. VII — Restes à payer. .	240 200 9 100 4.000 13 407.34 675 35.75
1927	Reliquat disponible de l'exercice 1926 .	27.870.07	C. IV — Personnel Matériel. C. V — Matériel. Travaux neufs . Expropriations C. VI — Dépenses imprévues. . . C. VII — Restes à payer . . .	568 3.800 9 844.07 12.500 875 133 150

L'utilisation de la majorité de ces crédits pour l'assainissement de la ville va automatiquement entraîner les habitants dans la construction de nouveaux immeubles.

Du jour au lendemain la ville de Häidương n'est plus qu'un vaste chantier. Partout ce ne sont que fours à briques, fours à chaux, amoncellements de sable, gros arrivages de bois de charpente. Les paillotes disparaissent peu à peu pour faire place à des maisonnettes en briques, aux toits de tuiles, proprettes et saines.

La ville de Haïduong en fin 1927 comprenait 1040 immeubles en briques, alors que fin 1923, elle n'en comportait pas six cents.

Il avait donc été construit pendant ces quatre années plus de cinq cents maisons, à un ou deux étages, d'une valeur globale d'environ 500.000 piastres.

La valeur de la propriété avait décuplé dans ce court espace de temps.

Haiduong. — De nouvelles maisons remplacent d'immondes paillottes.

Le rêve de tous les chefs de province, qui s'étaient succédés jusqu'en 1924, de voir le centre de Haïduong prendre l'allure d'une ville, se réalisait brusquement, par le simple effet de l'autonomie qui venait d'être accordée à cette agglomération.

Du jour même où les habitants comprirent que leur ville formait un tout homogène, ayant sa vie propre, ils n'hésitèrent pas à employer une partie de leurs économies dans la construction d'immeubles modernes.

La municipalité, devant l'effort considérable apporté par la population, ne pouvait rester inactive. Elle avait des fonds importants; elle se devait de les employer dans l'intérêt général.

Comblement des mars

Elle tourna ses premiers efforts vers les mares et en décida le comblement C'était là un travail de longue haleine, auquel il fallait cependant s'attaquer sans retard. Il fallait combler 35 mares et pour ces travaux il fallait apporter au moins 150.000 m3 de terre !

La Municipalité opéra de la façon suivante :

La terre dont on avait besoin serait prise dans la rivière de Ke-Sắt, sur ses bords immédiats, par des équipes de terrassiers spécialisés, et amoncelée sur les quais Le prix du mètre cube était de 0$15 ; il fut par la suite porté à 0$20.

Haidương — A gauche les distilleries. A droite la nouvelle école des filles. Au premier plan, de part et d'autre de la route coloniale, de vastes mares remblayées, destinées à la banque agricole, à l'immatriculation foncière, au jardin public et au nouveau groupe scolaire.

La Municipalité achetait plus d'un kilomètre de voie de $0^{m}60$ et vingt-quatre wagonnets. Le transport de la terre était assuré par la main-d'œuvre pénale. Il fut déversé pendant les quatre années 1924, 1925, 1926 et 1927, plus de 100 000 m^3 de terre dans ces mares. Quand on songe que ces travaux ne peuvent être exécutés que pendant la saison sèche, c'est-à-dire pendant 6 mois au plus, c'est donc une moyenne de 6.000 m^3 de terre qui furent déversés ainsi chaque mois.

En comparant les plans N° 1 et N° 2, ci-annexés on pourra se rendre compte de la transformation subie dans ces quatre années par la ville de Häidương. Toutes les mares qui empestaient le centre de la ville ont été comblées ; l'infect canal, qui traversait la ville et reliait les fossés de l'ancienne citadelle à la rivière de Ke Sắt, et dans lequel se déversaient tous les cabinets des maisons chinoises et annamites, dépotoir incroyable, foyer d'épidémies inimaginable, était nivelé. Les fossés Sud Ouest et Sud Est de l'ancienne citadelle annamite également comblés, et, à proximité des casernements de la Garde Indigène, un superbe terrain de sport, qui nécessita l'apport de plus de 8 000 m3 de terre, était créé.

Les mares ont disparu, la ville dispose ainsi de vastes étendues de terrains. Que va-t-elle en faire ?

Häiduong — Venus de tous les coins de la province les sampans chargés de riz s'amarrent aux quais de la ville.

Ayant besoin d'importantes recettes pour poursuivre les travaux entrepris, elle va d'abord procéder au lotissement des terrains de deux mares remblayées, et dont elle n'a pas besoin ; la mare N°10, dont le remblayage avait coûté 1.500$ fut vendue 8.435$, d'où un bénéfice net de 6.935$. La mare N° 9, qui avait coûté 700$ de remblayage, fut vendue 3.000$ donnant ainsi un bénéfice de 2300$.

Egoût

D'autre part la Société des Distilleries de l'Indochine, qui avait besoin de s'étendre, entra en pourparlers avec la Municipalité pour obtenir la cession d'une partie des fossés de l'ancienne citadelle remblayés. Cette cession sera faite dans les conditions suivantes : paiement d'une somme de

2.800$ et obligation de construire un égoût de 1 m. de diamètre, allant de la route coloniale à la prison, afin de maintenir la jonction entre les fossés de la citadelle et la rivière de Ke-Sắt, la ville prenant à sa charge la construction du tronçon de l'égoût de la route coloniale à la rivière de Ke-Sắt.

Le nouveau marché

Le marché de la ville de Hảidương, vieux de plus de 30 ans, situé sur les bords de la rivière de Ke-Sắt, en plein quartier français, tombait en ruines. Il ne répondait plus aux besoins sans cesse grandissants de la ville ; il était d'autre

Hảidương -- Le nouveau marché en ciment armé.

part très mal placé. La municipalité décida sa démolition et la construction d'un marché en ciment armé, sur la mare N° 16 En fin d'année 1927, ce nouveau marché comprenait deux grandes halles de 64 m. de long sur 10 m de large et une halle de 32 m. de long sur 10 de large, donnant ainsi une surface couverte de 1 600 mètres carrés

Les dépenses se sont élevées à la somme de 13.136 $. Il reste à carreler les halles, à les aménager, à empierrer la cour intérieure, planter des arbres, construire au centre un petit château d'eau pour le lavage des halles en fin de journée, installer des latrines, enfin clore le tout avec une barrière en ciment armé. afin d'éviter que. la nuit venue, ces halles ne servent de refuge aux maraudeurs et mendiants.

Les Ecoles

Le protectorat ne disposait, comme école pour les fillettes et garçonnets annamites. que de vieilles masures, aux toits pourris, aux murs branlants, vieux restes de l'occupation militaire. De telles écoles étaient indignes de la ville de Hảidương.

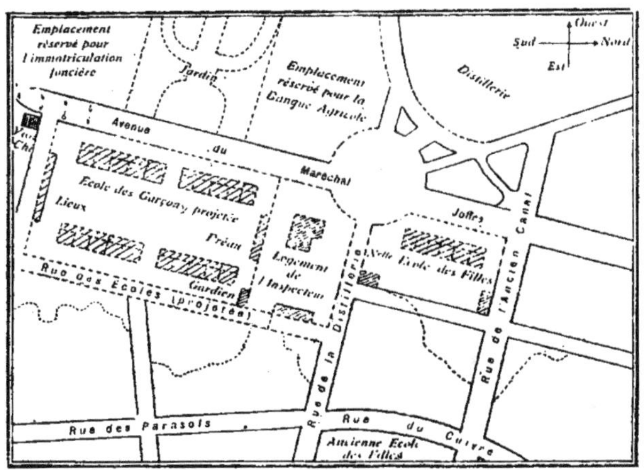

Projet de groupe scolaire

La municipalité demanda la cession de ces immeubles en ruines et du terrain environnant, s'engageant à construire à ses frais une école à six classes, suivant les données les plus modernes. Cet échange approuvé, le terrain des écoles fut loti et vendu aux enchères publiques pour la somme de 4.682 . En même temps, la ville construisait la nouvelle école sur l'emplacement de la mare N° 4. Elle avait, en la circonstance, reçu du budget local un terrain d'une valeur de 4.682 $ (Je ne parle pas des immeubles cédés en même temps, vu qu'ils devaient être abattus) et en retour faisait don au budget local d'un terrain d'une valeur de 5,000$ et d'une école neuve, bien située, entourée d'un mur surmonté d'une barrière en ciment armé, d'une valeur de 9.750$.

Ce seul exemple montre déjà l'aide apportée par le budget municipal au budget local. Ne signalons que pour mémoire la participation de la ville dans les dépenses de l'enseignement, qui atteignent déjà la somme de 3.000 $.

Le nouveau cercle

Les Français demeurant à Hảidương, colons ou fonctionnaires, ne disposaient pour se réunir que d'un cercle très

Hảidương. — Le nouveau cercle, sur les bords de la Rivière de Kẻ-Sặt.

modeste, surnommé le *ma-qui*, en plein centre indigène. C'était une maisonnette annamite, étroite, sombre, n'ayant qu'une pièce au rez-de-chaussée et une autre au premier étage. On décida d'en construire un nouveau. La municipalité accorda à la société une subvention de 3.000$ et lui céda, sous certaines conditions, le terrain de l'ancien marché, M. Résident Supérieur, la Société des Distilleries, la Société Indochinoise d'Electricité, MM. Paquin, Jaspar, Boittard, la Maison Sauvage. MM. Verneuil et Gravereaud, Lageat, Denis frères, Vernet, la Cimenterie d'Haïphong firent don de sommes importantes, près de 1 800$ et contribuèrent ainsi largement à la construction du nouvel immeuble, qui peut être considéré comme le plus beau cercle qui existe dans l'intérieur du Tonkin, en dehors des villes de Hanoï et de Haïphong. Coquet, largement ventilé par 8 ventilateurs de plafond, copieusement éclairé, en bordure de la rivière de Kê-Sặt, face au sud, recevant ainsi la brise des marées, au milieu d'un jardin orné de parterres de fleurs, disposant d'un superbe court de tennis, le nouveau cercle donne aux Français de Hảidương le maximum de confort et de bien-être.

La municipalité se doit d'aider aussi les Annamites. Elle alloue déjà à la Société sportive indigène une subvention; elle lui a facilité également la construction d'un court de tennis; elle l'aidera encore, nous en sommes convaincu, dans la construction du cercle annamite, qui n'était encore au moment de notre départ qu'un projet.

Hảiduong. — Un des trois moteurs de 50 CHV marque Winterthur, de l'usine électrique.

L'usine électrique

La ville de Hảidương se transformant ainsi ne pouvait plus accepter d'être éclairée au pétrole. Elle avait besoin de l'électricité. Mais c'était engager une somme de 80.000 $, et c'étaient là des dépenses trop lourdes pour ses finances. Elle fit appel au budget local. Celui-ci supporta tous les frais de l'installation, puis céda l'usine et le réseau à la ville, à charge pour celle-ci de supporter à l'avenir tous les frais d'éclairage de la ville, et ceux que nécessiterait l'extension du réseau. Le budget local supprimait la subvention annuelle de 1.500 $ pour l'éclairage, ce qui le faisait rentrer, dans un délai de moins de vingt ans, dans ses débours.

La ville a trouvé dans l'exploitation de son usine une source intéressante de recettes et a pu sans difficultés acheter pour la coquette somme de 150.000 frs. un troisième moteur Winterthur fonctionnant au gaz pauvre.

Les graphiques que l'on trouvera dans les annexes donneront tous renseignements sur la marche de cette usine, qui fut inaugurée en Avril 1925 par M. Krautheimer, alors Résident Supérieur *p. i.*

Malgré les inondations terribles de 1924 et 1926, qui transformèrent la ville et les quatre cinquièmes de la province en une vaste mer, pendant plus de deux mois, le nombre des abonnés particuliers ne fit que s'accroître. Il était de 354 fin 1927. La moyenne mensuelle des recettes passa de 1069 $ pour 1925 à 1666 $ pour 1926. Elle était de 1.700 $ pour 1927. Elle sera certainement plus élevée pour 1928.

III

L'Avenir de Hảidương

Voilà ce qui a été fait. Voyons ce qui reste à faire.

Les mares comblées et laissées jusqu'ici en friche, doivent servir à l'édification d'un nouveau groupe scolaire et à la construction de deux immeubles, l'un destiné à la Banque de

Crédit Agricole, l'autre à l'Immatriculation Foncière, suivant le projet ci-dessous.

En bordure de la route coloniale, sur l'emplacement des mares Nos 1 et 3, s'élèveront dans quelques années, deux ou trois au plus, les nouvelles écoles de garçons et, si le budget local veut apporter son aide financière, le nouveau logement de l'Inspecteur des Ecoles de la province.

En face, sur les mares 28bis et 2 et sur les terrains bas environnants en voie de comblement, séparés par une large avenue bordée d'arbres et ornée de parterres de fleurs, on devrait pouvoir, dans quelques années admirer les immeubles destinés à l'Immatriculation foncière, et à la jeune Banque de Crédit Agricole.

Ces deux immeubles doivent être voisins, en raison de la nécessité pour la Banque de Crédit Agricole de contrôler rapidement les renseignements fournis par les emprunteurs. La banque a ouvert ses guichets dans la première quinzaine de Décembre ; un mois après, elle avait avancé plus de 4.000 $ à des centaines de petits agriculteurs. Cette institution ne peut pas ne pas réussir et elle peut prévoir bon an mal an 50.000 $ de prêts. J'ai vécu 5 ans dans cette province ; je crois pouvoir dire que je la connais à fond. Le paysan a besoin de beaucoup d'argent, ne serait-ce que pour améliorer le système d'irrigation de ses rizières trop hautes. Si les travaux envisagés dans les circonscriptions de Binh-Giang (Kê-Sặt), Cẩm-Giàng, Gia-Lộc, sont entrepris, le cultivateur verra ses bénéfices plus que doubler. La Banque de Crédit Agricole se doit d'aider les villages en la circonstance et prouvera ainsi son utilité.

Dans l'immeuble réservé à l'Immatriculation foncière on pourra grouper non seulement les plans parcellaires de la ville de Hảidương, dressés par le Service du Cadastre, mais encore tous ceux des villages de la province, dressés d'après ma méthode, méthode que M. le Résident Supérieur Robin fit appliquer, après en avoir vu sur place les résultats immédiats, dans toutes les provinces du Delta. Cet immeuble pourrait être construit dès à présent par le budget local avec l'aide du budget municipal de Hảidương et des budgets communaux.

La Société des Distilleries, ayant bien voulu remplacer son mur d'enceinte, austère et maussade, par une large grille et décorer de parterres sa façade, nous devrions, dans un avenir très rapproché, avoir là tout un quartier moderne, propre et bien tracé. Pour atteindre ce but, il suffit d'avoir de la persévérance et aussi une grande foi dans l'avenir.

Poursuivant son œuvre d'embellissement, la Municipalité, en remblayant les terrains qui séparent l'hôpital *actuel* du groupement scolaire *actuel*, permettra au budget local de construire le grand hôpital provincial projeté, l'hôpital actuel devenant l'asile des vieillards et des malheureux, le groupe scolaire étant appelé à être transformé en maternité. Nous aurions là un établissement bien conçu, digne de la province de Hảidương, une des plus riches du Tonkin (Voir plan ci-dessous).

Le futur hôpital provincial de Hảidương

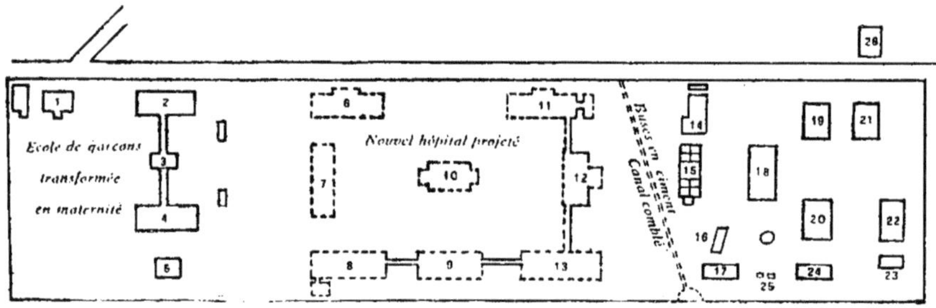

Echelle : 1 cm=30 mètres. Dressé par M. THIRIET, ing. subd. suivant les directives données par le médecin de l'Assistance

1 Sage femme
2 Femmes enceintes
3 Pavillon d'accouchement
4 Accouchées
5 Réserves de pharmacie et cuisines
6 Consultations
7 Femmes : chirurgie
8 Femmes : médecine
9 Hommes : médecine
10 Docteur, laboratoire, bureaux
11 Payants
12 Salle d'opérations
13 Hommes : chirurgie
14 Médecin résidant
15 Filtres, bassins d'épuration et château d'eau
16 Lingerie
17 Magasin
18-20 Hommes, contagieux
19-21 Femmes, contagieuses
22 Salle d'isolement
23 Dépôt mortuaire
24 Cabanon
25 Désinfection, fours
26 Lazaret

Enfin, je voudrais apprendre bientôt que la municipalité a ouvert un Mont-de-piété. Ce projet dort dans les cartons sur lesquels la poussière s'amasse. Il a été étouffé dès sa naissance, mais je ne le crois pas mort pour toujours. Un Mont-de-piété, c'est une institution qu'il importe de créer au plus tôt. Un haut fonctionnaire ne disait-il pas, il y a quelques années, qu'il devrait y en avoir un dans tous les chefs-lieux de province ? Peu importe qu'ils ne rapportent que peu ou même rien au budget local. S'ils viennent en aide aux malheureux, c'est l'essentiel. J'ai vu la province de Hâidương ravagée par deux inondations, celle de 1924 et celle, plus terrible encore, de 1926. J'ai vu des théories interminables de paysans allant

Hâidương. — L'usine des Distilleries : nouvelle façade

vendre à des prix dérisoires leurs marmites de cuivre, des sentences parallèles en bois laqué, de vieux autels dorés dédiés aux ancêtres, des cloches de bronze, des ballots de vêtements : que sais-je encore ? Si la ville de Hâidương avait eu alors un Mont-de-piété, elle aurait pu, en achetant tous ces objets disparates à des prix rénumérateurs, soulager bien des misères tout en augmentant ses recettes !

Quand on songe qu'on prêtait à 365 o/o ! qu'une piastre rapportait un sou d'intérêt par jour !

La Banque de Crédit Agricole, bien gérée, je le répète, doit tuer cette usure criminelle. Mais pour cela il faut qu'elle pénètre très avant dans les milieux des campagnes, si elle veut lutter avec succès contre le Chinois.

Le mont-de-piété, de son côté, aidera le malheureux paysan à vivre, et lui permettra d'attendre, sans crainte, le retour de jours meilleurs.

La question de l'eau potable

Une question importante, qui mérite une prompte solution, est celle relative à l'alimentation de la ville en eau potable : il faudrait une usine des eaux. M. le Résident Supérieur Robin s'intéressait particulièrement à cette question. Au cours de mon dernier congé en France, j'étudiai le principe de la stérilisation des eaux.

Il y a deux procédés pour la stérilisation des eaux potables. Il y a le chlore, procédé qu'emploient Marseille, Reims, Rouen etc... et celui de l'ozone, adopté par de nombreuses villes comme Dinan, Saint-Malo, Saint-Brieuc, Nice et la Côte d'Azur, Avignon, Châtellerault, Brest, Lille, Lorient, etc. etc... J'avoue que ce procédé, qui consiste à « insuffler » dans l'eau un excédent d'oxygène, a toutes mes préférences. D'aucuns, il est vrai, objectent qu'il faut avoir un air sec et que la chaleur diminue les effets de l'ozone. A cela on peut répondre qu'il n'est pas impossible de dessécher l'air à l'aide du chlorure de chaux, avant son passage sur les effluves, et que la température ne peut avoir qu'une importance insignifiante sur la production de l'ozone, en admettant même qu'elle en ait une. Il suffit d'ailleurs, pour expliquer la non influence de la température, de se rendre compte qu'au moment même où l'ozone se produit, pendant le passage de l'air sur l'effluve, cet air se trouve fortement échauffé puisque la température de l'effluve est très élevée.

Quant aux dépenses résultant de l'utilisation du courant électrique, les données fournies par les villes qui emploient ce procédé, indiquent que ces dépenses sont inférieures à 1 kw par 100.000 litres.

Les dépenses ne revêtent donc pas un caractère prohibitif.

Dans le N° 242 du 16 Janvier 1914 de la « Revue Electrique », on pourra lire une étude très documentée sur la stérilisation industrielle des eaux d'alimentation par l'ozone, de même que « La Vie communale et départementale » N° XXV. T. 11, de Décembre 1925 » consacre à cette même question un article particulièrement intéressant intitulé : « L'Eau pure à Châtellerault. »

Quant aux résultats fournis par la chlorisation, suivant le procédé Bunau-Varilla, voir dans les annexes l'article : « La Stérilisation des eaux d'alimentation. »

Comme je le disais plus haut, les études pour l'installation d'une usine des eaux sont faites ; il n'y a plus qu'à étudier les moyens financiers pour arriver à une solution. Or comme la ville pourrait facilement prévoir dix mille piastres de recettes par an (il y en a déjà 6.000 d'assurées[1], elle serait en mesure de rembourser rapidement au budget local les sommes avancées par celui-ci pour l'installation de l'usine et du réseau.

Ville de Hảidương. Usine des Eaux projetée

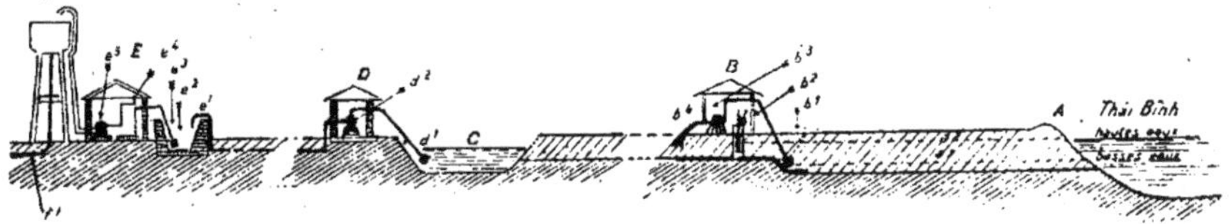

EXPLICATION. — L'eau du Thai-Binh (A), amenée par un canal A-B, suffisamment profond pour recevoir les eaux du Thai-Binh aux basses eaux, s'écoule naturellement, au moment de la marée montante, dans l'étang de la gare C.

Dès que la marée descend, la vanne b^2, située en B, est fermée.

La pompe électrique b^3 permet de puiser (crépine b^1) l'eau du Thai-Binh dans le cas où, en période de basses eaux, le niveau du Thai-Binh ne permettrait pas le remplissage naturel de l'étang. Cette pompe permettrait en même temps l'irrigation des rizières environnantes.

La pompe D puise l'eau dans l'étang et la refoule en E ; d^1 crépine ; d_2 pompe centrifuge ; e^1 arrivée de l'eau ; e^2 bassin de décantation ; e^3 aspiration de l'eau du bassin dans l'appareil de stérilisation e^4, par la pompe e^5, et refoulement dans le réservoir F de 600 m³, pour envoi sous pression par la canalisation f1 de distribution en ville.

Les canaux entre A et B et entre D et C sont à ciel ouvert ; b^2 est la vanne empêchant à marée basse le retour de l'eau vers la rivière.

D'après le projet envisagé et qui, souhaitons-le, n'a pas reçu le coup de grâce, l'eau serait puisée dans le Thái-Bình. Aux hautes eaux, (car la marée se fait fortement sentir à Hải-dương) la communication entre le Thái-Bình et le grand étang de 20.000 m^2 situé près de la gare, (voir croquis ci-après), se ferait naturellement par l'intermédiaire de canaux à ciel ouvert. Dès que la marée descendrait, les vannes situées au point B seraient fermées. Dans le cas où, pendant la saison sèche, l'apport du Thái-Bình serait insuffisant pour alimenter l'étang de la gare, la pompe située en B serait actionnée. Cette pompe ne marchant que de temps en temps pourrait être aussi utilisée pour irriguer les terrains environnants, moyennant une redevance, qui ne devrait pas être inférieure 1 $ le mẫu (3.600 mètres carrés) et par récolte. Actuellement l'irrigation coûte 4 $ 00 par mẫu.

Accolée à l'étang de la gare, une deuxième pompe refoulerait l'eau, par l'intermédiaire d'une canalisation en fonte ou en ciment armé (système STACINDO) jusque dans les grands bassins de décantation. L'eau serait alors filtrée, stérilisée, puis envoyée dans un grand château d'eau de 5 à 600 m^3, d'où elle serait répartie ensuite dans la ville. Sur cette canalisation souterraine, on pourrait prévoir des bouches permettant l'irrigation de toutes les terres de l'ancienne citadelle (52 ^{h} 98 ^{a} 48°).

La ville pourrait ainsi augmenter ses recettes et facilement atteindre la somme de 10.000 $, fixée comme étant le montant des annuités à verser au budget local.

Le jour où la ville de Hảidương aura son usine des eaux, son état sanitaire s'améliorera considérablement.

L'éminent praticien, le Docteur Le Roy des Barres, disait au sein d'une récente commission : « On a un peu fait pour l'alimentation en eau potable dans les grands centres ; on n'a rien fait dans l'intérieur des provinces. » — Le moment est peut-être venu de faire quelque chose...

.˙.

Pour achever cette étude, il ne me reste plus qu'une seule question à étudier, celle de la voirie en général. J'attaque là une question extrêmement ardue. Hảidương est en effet construit en rase campagne ; comment dès lors assurer l'écoulement des eaux ménagères, quand on songe que la moindre crue du Thái-Bình recouvre d'eau les points bas de la ville, quand on songe que les eaux de la campagne environnante n'effleurent pas encore les quais de la rivière de Kê Sặt, qu'il y a déjà de 0 m. 10 à 0,20 d'eau dans certains quartiers ?

Cette situation s'aggravera le jour où la grande digue, projetée sur la rive droite de la rivière de Kẻ-Sặt, sera construite. Je sais bien qu'on songe à enfermer la ville dans une digue de protection ; mais cela ne règle pas la question d'évacuation des eaux.

Hảidương sera toujours une cuvette que les moindres orages, toujours à prévoir, en période humide, noieront lamentablement.

Il faut voir la situation telle qu'elle est, et ne pas se leurrer. Contre les grandes inondations, comme celles de 1924 et 1926, il n'y a aucun remède. Ce sont des cataclysmes qu'il faut subir ; mais la ville peut se défendre contre les inondations normales, dues à de trop fortes marées, coïncidant avec une crue du Thái-Bình, ou même simplement à un débordement des eaux de cette rivière.

Il suffirait de surélever tout le plan de la ville.

Je sais bien que ce projet va faire lever les bras au ciel à certains esprits, que les moindres tentatives tant soit peu osées épouvantent, et cependant c'est le seul qui puisse sauver Hảidương.

Il y a dans Hảidương deux points plus élevés que tous les autres : 1° - le centre de la place Van Vollenhoven, 2° - le rond-point situé en face de la coquette villa de M. Deville.

Il suffirait de pratiquer un nivellement général très serré et de procéder ensuite chaque année à un exhaussement graduel de chaque rue. Les trottoirs seraient surélevés en même temps. La ville de Hảidương deviendrait lentement un îlot dans la plaine tonkinoise. C'est dans ce but que tous les immeubles de construction récente ont leur rez-de-chaussée surélevé, et qu'à la suite des inondations de 1926, une marge de 0,20 est exigée entre le niveau atteint par les eaux et le plancher des immeubles. Que ces instructions soient suivies et l'exhaussement général de la ville se fera sans à-coups. Alors seulement les égoûts en construction pourront fonctionner.

Il faut voir loin dans l'avenir, ne pas se contenter d'élaborer des programmes s'échelonnant sur deux ou trois exercices; il faut également voir large, et non d'une manière étriquée. La ville de Hảidương, par sa situation au centre du delta tonkinois, doit s'accroître ; les indigènes riches de la province viendront y habiter de plus en plus.

L'aménagement de tout le centre non construit s'impose d'ores et déjà. Il faut empêcher la construction d'immeubles à tort et à travers ; il faut, dès à présent, dresser un plan d'ensemble. Il faut prévoir l'ouverture de nouvelles avenues ; il faut augmenter l'étendue des terrains à bâtir ; il faut, pour cela, remblayer tous les terrains bas. Je n'ignore pas qu'il s'agit là d'un travail de longue haleine, mais il peut être effectué comme l'a été celui du comblement des mares, et, avec de la persévérance, on arrive à bout de tout. Le mot impossible n'a t-il pas été rayé du dictionnaire français depuis la guerre ? Quand on a vu ce qu'ont fait les poilus en fait de terrassements ; quand on songe que beaucoup de ces poilus étaient des commerçants, des industriels, des professeurs, des fonctionnaires de bureau, des hommes qui n'avaient jamais tenu une pioche dans leurs mains, quand on a soi-même pris part à ces travaux de terrassement, on n'a pas le droit d'être effrayé par l'exécution de travaux, si gigantesques soient-ils. Pourquoi dès lors s'effrayer de demander à des coolies, dont le métier est de remuer de la terre, de s'attaquer à ces travaux ?

Il n'y a plus guère moyen de prendre de la terre dans la rivière de Kẻ-Sặt ; mais on peut en prendre sur les bords du Thái-Bình, près du bac de Sept-Pagodes ; il suffit d'organiser les chantiers, d'acheter le matériel nécessaire, même une petite locomotive, comme on en voit dans les mines de charbon, qui utilisent la voie de 0,60 pour le transport du minerai.

La vente des terrains remblayés serait une source intéressante de recettes pour la ville.

La municipalité dispose déjà de tout un matériel moderne, pour l'asphaltage de ses rues ; elle possède une camionnette

Latil avec benne basculante pour le transport de ses ordures ménagères; il est indispensable qu'elle améliore la situation actuelle par le comblement des terrains bas et l'ouverture de nouvelles avenues; elle achèvera ainsi l'assainissement du centre.

Dans le plan « Hâidương dans l'avenir », j'indique quelles sont mes vues à ce sujet. Ce plan n'est peut-être pas parfait; il peut être critiqué; il n'en constitue pas moins, tel qu'il est, un canevas d'ensemble contenant sur l'avenir de la ville, des données sérieuses, qui peuvent être mises à profit.

Combien il est regrettable que nos anciens n'aient point songé à occuper l'ancienne citadelle annamite, plus élevée que toute la campagne environnante, à l'abri des inondations annuelles!

On pouvait, là, construire une ville française modèle, bien tracée. Au lieu de cela, chaque service a choisi l'emplacement qui lui souriait, et souvent hélas! le choix a été détestable. On a construit les immeubles dont on avait besoin, sans plan d'ensemble, et c'est bien regrettable.

Conclusions

La conclusion logique qui se dégage de cette rapide étude est que l'autonomie de la ville de Hải dương s'imposait; qu'en la lui donnant, l'autorité supérieure en a retiré de sérieux avantages. Jamais le budget du Protectorat n'aurait pu accorder au centre de Hảidương les crédits nécessaires pour exécuter les travaux qui ont été entrepris au cours des années 1925, 1926, 1927 et qui atteignent, avec les crédits inscrits au budget de 1928, le chiffre imposant de 94 000 $ 00.

Jamais le budget local ne consentira à prévoir pour l'avenir, et cependant plus de dix ans encore, un crédit de 20.000$ pour poursuivre l'œuvre d'assainissement commencée en 1924.

Ainsi tombent lamentablement les critiques émises en 1923, par des esprits timorés. La ville de Hảidương a eu le rare bonheur de voir ces critiques rester sans échos. Si elles avaient été prises en considération, Hảidương serait toujours le centre maussade, malsain, boueux, sale, que nous avons tous connu avant 1924.

La municipalité de Hảidương, dont j'ai guidé les premiers

La Rivière de Kẻ-Sặt, coulant à pleins bords.

pas de 1923 à fin 1927, a en mains tout ce qu'il lui faut pour mener à bien l'œuvre commencée ; il n'y a pas de raisons pour qu'elle n'atteigne pas un jour le but recherché, pour le plus grand bien des intérêts français et annamites.

1º Le Commerce des riz à Haiduong de 1925-26-27

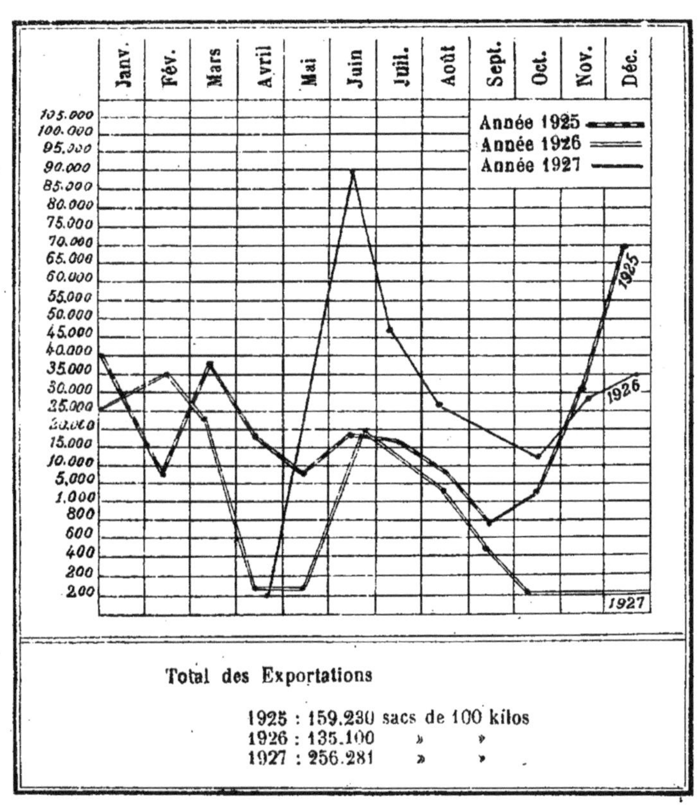

2º Fonctionnement de l'Usine Electrique

Dépenses et recettes de l'Usine

Dépenses mensuelles

Matériel

Désignation	Espèce	1925 Quantité	1925 Prix unité	1925 Dépense	1926 Quantité	1926 Prix unité	1926 Dépense	1927 Quantité	1927 Prix unité	1927 Dépense
			$	$		$	$		$	$
Charbon. . .	Tonne	25	11.25	281.25	28	11.25	315.00	20	12.25	245.00
Charbon de bois. . . .	Kilo	200	0.04	8.00	200	0.04	8.00	200	0.04	8.00
Huile de cylindre (Cylinder Oil). . . .	Litre	36	1.00	36.00	12	1.00	12.00	12	1.00	12.00
Huile de mouvement (Oil P. 973). . .	Touque	7	6.50	45.50	4	6.50	26.00	4	6.50	26.00
Pétrole . . .	—	1	3.60	3.30	1	3.60	3.60	1	3.60	3.60
Graisse consistante. . . .	Kilo	1	1.10	1.10	1	1.10	1.10	1	1.10	1.10
Etoupe . . .	—	15	0.50	7.50	15	0.50	7 50	15	0 50	7.50
Potasse . . .	—	5	0.20	1.00	5	0.25	1.25	10	0.25	2.50
Toile émeri. .	Feuille	5	0.05	0.25	5	0.05	0.25	5	0.05	0.25
Lavage du charbon, Paniers .	Pièce	10	0,08	0.80	10	0.08	0.80	10	0.08	0.80
Remplacement des lampes de Ville . . .	Pièce	40	0,35	14.00	40	0.50	20.00	40	0.60	24.00
				399 $			395$50			333$75

La suppression des forfaits, à compter du 1er Janvier 1927 dans les bâtiments administratifs, et la mise au point définitive des moteurs et gazogènes eurent comme résultats une diminution sensible des dépenses bien que le nombre des abonnés ait marqué une progression constante.

En 1925 la moyenne des dépenses a été de 399 $ 00
d° ______ recettes ________ 1.069 00
En 1926 ____ d° ______ dépenses ________ 395 00
d° ______ recettes ________ 1.666 00
En 1927 ____ d° ______ dépenses ________ 333 00
d° ______ recettes ________ 1.744 00

Recettes chez les particuliers

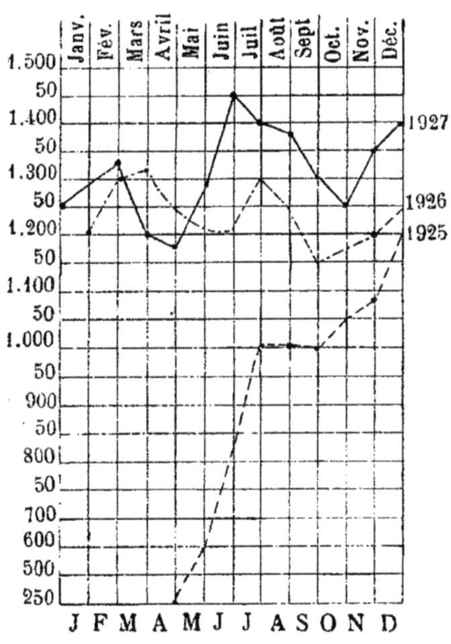

Abonnements administratifs

(Année 1927)

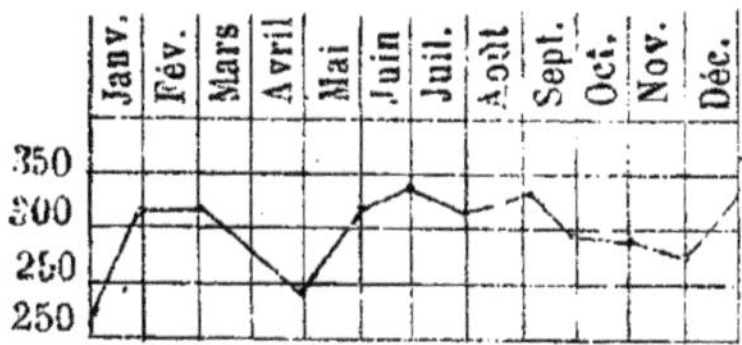

En 1925 et 1926 tous les Bâtiments Administratifs avaient un forfait les recettes mensuelles étaient de 215 $.

Nombre des abonnés particuliers

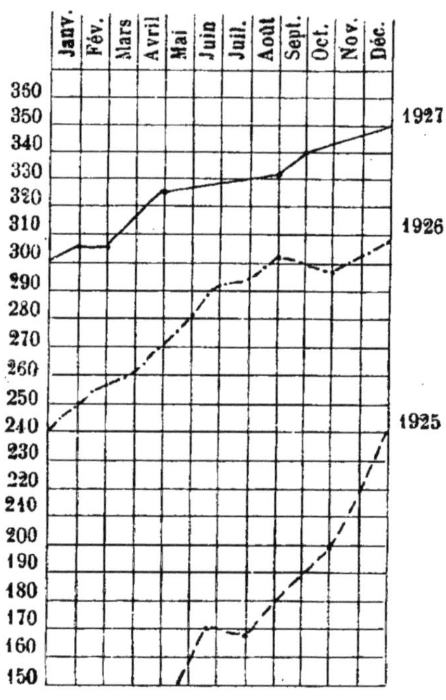

Appareils installés

Services	Lampes	Prises de courant	Ventilat. de plaf.
Ecl. urbain . . .	231		
Bâtiments adm. . .	571	133	60
Abonnés.	1.293	273	22
Totaux	2.095	406	82

Les 231 lampes de l'éclairage urbain comprennent 17 lampes de 200 bougies, 13 de 32 et 190 de 25 bougies.

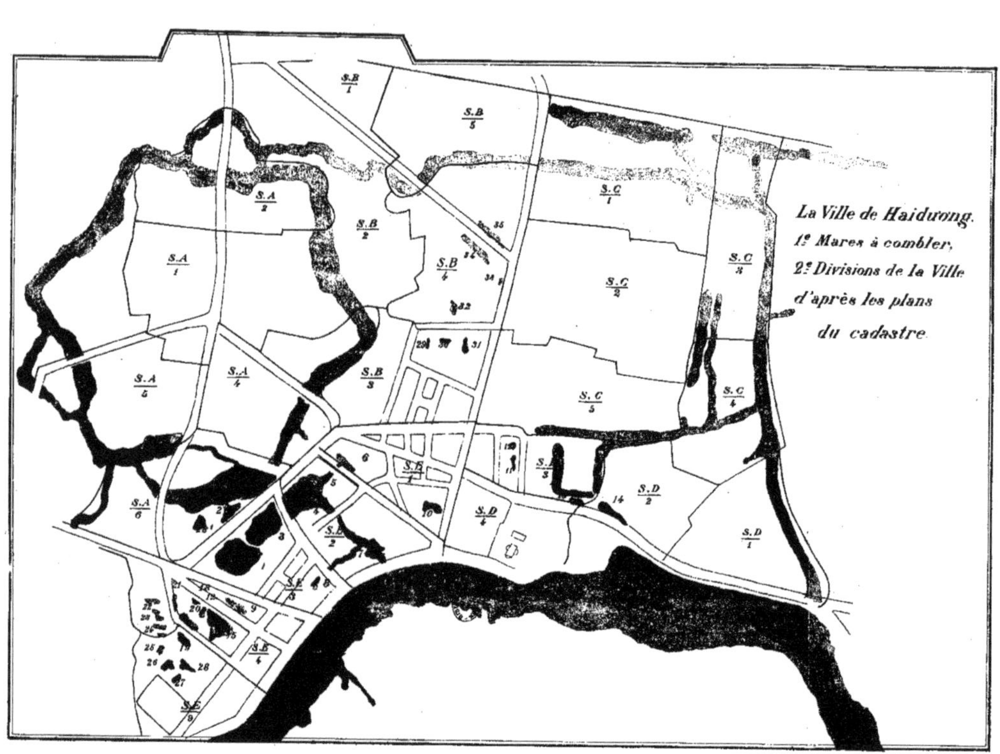
La Ville de Haiduong.
1º Mares à combler,
2º Divisions de la Ville
d'après les plans
du cadastre

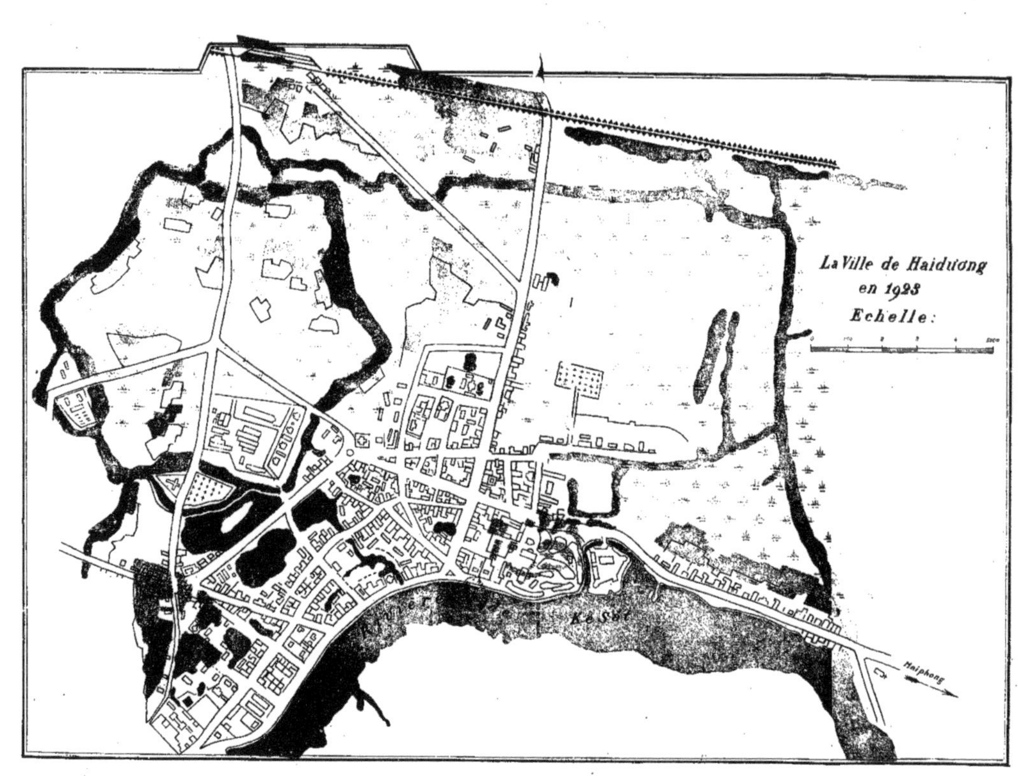
La Ville de Haidương
en 1923
Echelle:
Haiphong

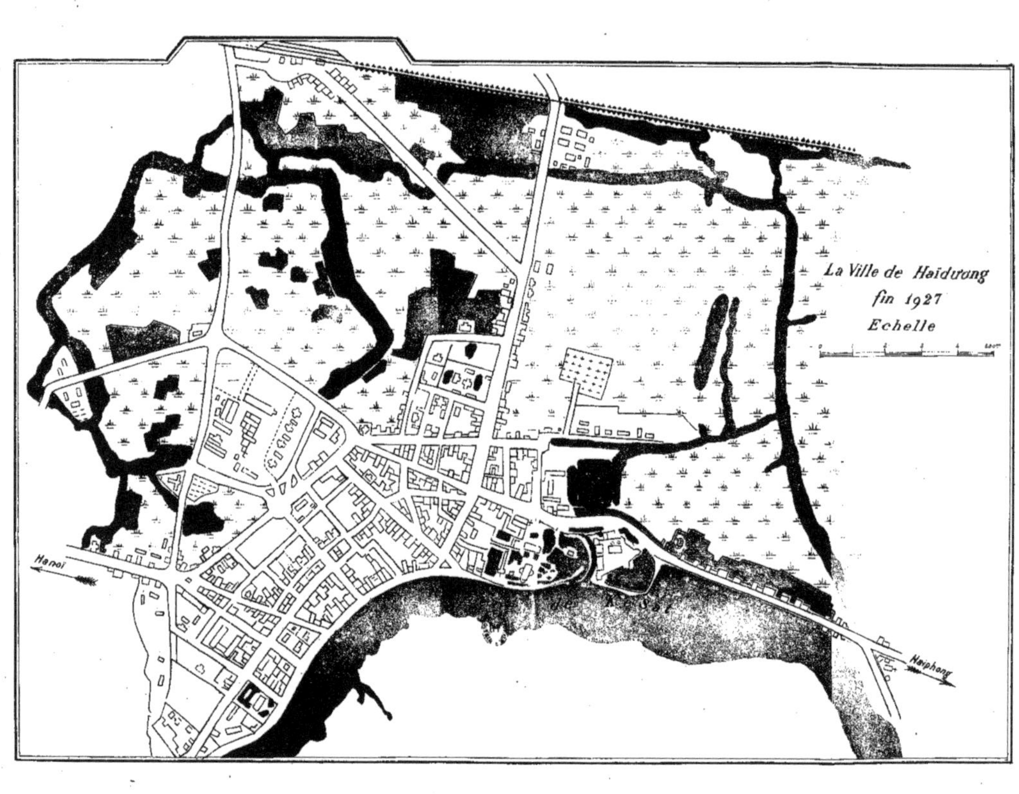
La Ville de Haïdương
fin 1927
Echelle
0
1
2
3
4
Hanoi
Haiphong

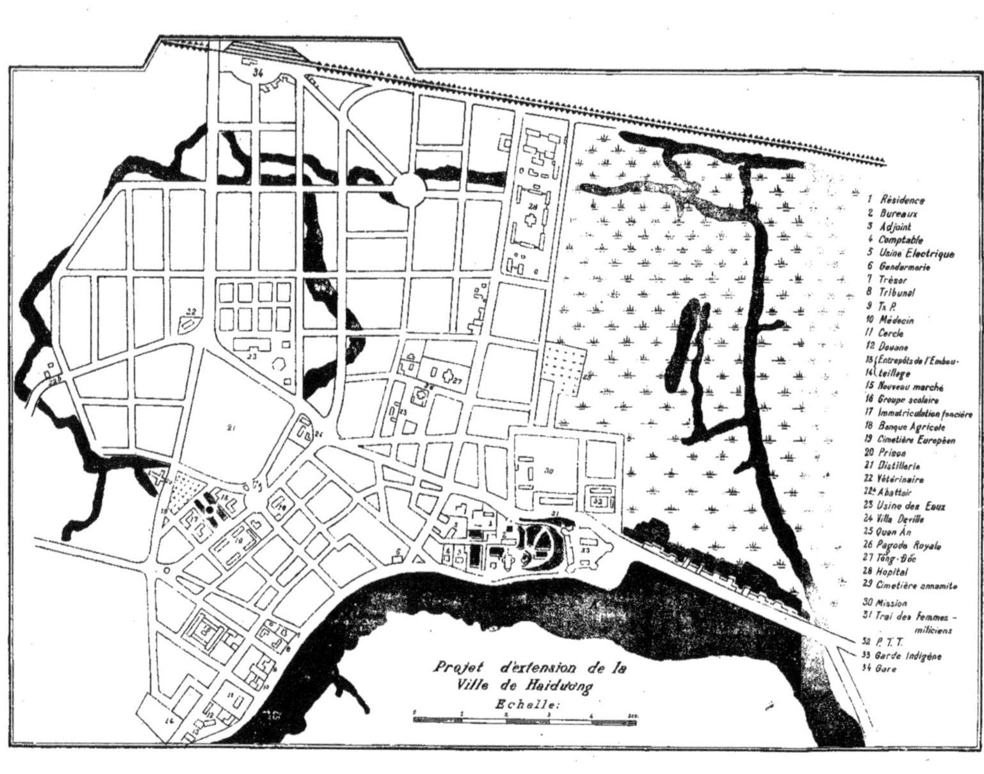

1 Résidence
2 Bureaux
3 Adjoint
4 Comptable
5 Usine Electrique
6 Gendarmerie
7 Trésor
8 Tribunal
9 Tx P.
10 Médecin
11 Cercle
12 Douane
13 { Entrepôts de l'Embou-
14 { teillage
15 Nouveau marché
16 Groupe scolaire
17 Immatriculation foncière
18 Banque Agricole
19 Cimetière Européen
20 Prison
21 Distillerie
22 Vétérinaire
22a Abattoir
23 Usine des Eaux
24 Villa Deville
25 Quan Án
26 Pagode Royale
27 Tõng-Đốc
28 Hopital
29 Cimetière annamite
30 Mission
31 Trai des Femmes-miliciens
32 P. T. T.
33 Garde Indigène
34 Gare
Projet d'extension de la Ville de Haidương
Echelle:

www.ingramcontent.com/pod-product-compliance
Ingram Content Group UK Ltd.
Pitfield, Milton Keynes, MK11 3LW, UK
UKHW021037180726
13838UKWH00004B/1851